Zoé Unakim

Pyramiden in Deutschland

Zoé Unakim

Pyramiden in Deutschland

Megalithe, Cairns und Gangdolme

Trainerverlag

Cover image: www.ingimage.com

Publisher:
Der Trainerverlag
is a trademark of
International Book Market Service Ltd., member of OmniScriptum Publishing Group
17 Meldrum Street, Beau Bassin 71504, Mauritius
Printed at: see last page
ISBN: 978-620-0-76901-5

Inhaltsverzeichnis:

I. Pyramiden in Deutschland:[1]

Nachdem nun in mehreren Ländern Pyramiden entdeckt wurden, darunter kürzlich die Pyramiden aus Bosnien, fragt man sich nur allzu begründet, ob nicht in jedem Land solche Gebäude existieren könnten? Deutschland bietet viele Hügel, die teilweise wie Pyramiden aussehen. Sie laufen spitz zu und sind meistens zu Weinbergen umfunktioniert worden. Es existieren mehrere dieser Kleinberge, die leicht in Frage kämen. Man denke beispielsweise an die mittelalterliche Stadt Staufen im Breisgau, die in Baden-Württemberg liegt. Auf dem Foto (s.o.) erkannt man die pyramidenförmige Struktur. Der Berg selbst besitzt mehrere Felder und auf der Spitze ist mit der Zeit eine Burg gebaut worden, die indes aus einer recht gut erhaltenen Ruine besteht. Vor einigen Jahren habe ich mir den Berg in Staufen einige Male angesehen und u.a. dieses Foto erstellt. Dabei fiel gleich das Aussehen des Berges ins Auge. Ebenso ist es spürbar ein energetischer Ort. Die Höhe beträgt 346 Meter und wäre damit fast 2,5 Mal so hoch wie die Cheops-Pyramide in Gizeh mit ihren 146,56 Metern. Geht man davon aus, dass der Berg in Staufen dicht zugewachsen ist und mit der Zeit etwas an Höhe gewonnen hat, wäre doch theoretisch

[1] Vgl. https://www.matrixblogger.de/pyramiden-in-deutschland/

denkbar, dass man es mit der zweifachen Höhe der Cheops-Pyramide zu tun hat. Demnach würde die mögliche Staufen-Pyramide eine Höhe von 293,12 Metern aufweisen. Auf Luftbildern kann man die Struktur geradezu erahnen, die dieser Berg in Staufen aufweist. Leider wird es niemals eine Möglichkeit geben, die Erde, die sich mittlerweile auf dem “Berg” gesammelt hat, zu entfernen und die Pyramide zum Vorschein zu bringen. Auch kann man an der folgenden Grafik sehen, dass der Berg in Staufen genau auf einer energetischen Kraftlinie (Leyline) liegt. Aus dem Grund ist es möglich, dass dieser Berg künstlich errichtet wurde und lässt die Annahme, dass hier vielleicht eine zugewachsene Pyramide steht, wachsen. Deutlich sieht man die Linie, die von Freiburg aus südwestlich und genau über Staufen (bei Bad Krozingen) verläuft. Weitere kegelförmige Berge, die unter Verdacht stehen, zugewachsene Pyramiden zu sein, sind die drei Kaiserberge. Sie liegen bei Göppingen und fallen ebenso in ihrer Struktur und Aussehen auf. Die Anzahl von drei Hügeln mit ähnlichem Erscheinungsbild stellen eine Auffälligkeit dar und sind daher durchaus mit den drei Pyramiden in Gizeh zu vergleichen. Hier gibt es beispielsweise den Rechberg, welcher auch eine pyramidenförmige Struktur aufweist und westlich von ihm ein kleiner

Hügel angefügt ist. Selbiges kennt man von den Pyramiden in Gizeh, in der eine kleine Nebenpyramide zu erkennen ist. Ein weiterer Berg namens Stuifen ist der größte der Kaiserberge und weist sogar die gleiche Höhe wie die Cheops-Pyramide auf. Beide, d.h. die Cheops und der Stuifen sind mit der Zeit etwas in den Boden abgesackt und weisen daher nur noch eine Höhe von 140 Metern auf. Sicherlich ein sehr seltsamer Zufall. Die Bosnischen Pyramiden, ich verfasste bereits darüber einen Artikel (Link), besitzen ebenfalls starke ähnliche Anordnungen. Am Rechberg wurde sogar einmal fleißig gegraben und siehe da, es kam Kalkstein zutage, das gleiche Gestein, das auch beim Bau der Pyramiden in Ägypten benutzt wurde. Da zu dieser Zeit nicht gegraben wurde, weil eine Pyramide unter dem Rechberg vermutet wurde, sondern andere Gründe besaß, hat man schnell wieder alles zugebuddelt und eine seltsame Theorie dazu veröffentlicht, die in jedem Fall die Möglichkeit auf Hinweise zu der Existenz einer Pyramide ablehnte. Man erkennt, auch in Deutschland existieren ausreichend Einfluss und Manipulation, um mögliche Hinweise auf außerirdische Bauten zu verschleiern. Nach neuesten Erkenntnissen existieren unterhalb der Sphinx und der Cheops-Pyramide ein umfassendes und komplexes System an unterirdischen Tunnelgängen. In Deutschland existiert hierzu eine Legende, die besagt, dass sich unter den Kaiserbergen ebenso ein Tunnelsystem befinden soll bestehe aus drei Hauptgängen, die den Heldenberg, Rechberg und den Stuifen miteinander verbinden. In der Nähe des Stuifen befindet sich eine Schlucht, die so genannte "Hundsklinge", die vielleicht einen Zugang verbergen könnte. Ebenfalls Zugänge könnten sich in Kellern umliegender Kirchen und Bauernhäuser befinden. Inwiefern diese einer solchen Überprüfung zustimmen würden, ist ungewiss. Vermutlich müsste auch hier nachgesehen werden, ob solche Zugänge ins Tunnelsystem offenliegen oder verschüttet wurden. Kosten einer Ausgrabung zur Feststellung, ob sich solche Pyramiden tatsächlich als Berge tarnen, beginnen schnell bei einigen tausend Euro, ganz zu schweigen von all den erforderlichen Genehmigungen und Steinen, die einem vonseiten solcher Menschen in den Weg gelegt würden, die diese Geheimnisse für immer vergraben sehen möchten. . Quellen:

http://kraichgauconceptions.blogspot.de/2009/09/neibse-buchig-bauerbach-bethlehem-war.html

http://www.megalith-pyramiden.de/

http://autarkes-rattelsdorf.blogspot.de/2013/07/in-deutschland-gibt-es-groere-pyramiden.html

http://zeit-zum-aufwachen.blogspot.de/2014/11/in-deutschland-gibt-es-groere-pyramiden.html

http://www.science-frontiers.com/sf091/sf091a03.htm

http://www.cnet.com/news/next-great-pyramid-made-in-germany

https://de.wikipedia.org/wiki/Staufen_im_Breisgau

http://www.frsw.de/staufen-burg.htm

http://www.frsw.de/staufen-burg.htm

"Magazin für Grenzwissenschaften", W.-J. Langbein, Nr. 5, Jahr 1993

http://autarkes-rattelsdorf.blogspot.de/2013/07/in-deutschland-gibt-es-groere-pyramiden.html

II. Pyramide in Deutschland:

Schon gewusst? Mitten in Deutschland steht eine Pyramide![2]

Die Pyramide auf dem Foto befindet sich nicht in Ägypten, sondern in Deutschland!

In einem kleinen Ort in Niedersachsen steht mitten im Wald eine Pyramide – TRAVELBOOK erklärt, was es mit dem Bauwerk auf sich hat.

---

2 Vgl. https://www.travelbook.de/attraktionen/architektur/mitten-in-deutschland-pyramide

Wer durch den Wald des kleinen Orts Holle in der niedersächsischen Gemeinde Derneburg wandert entdeckt eventuell etwas, das man als Spaziergänger wohl niemals erwarten würde: Eine steinerne Pyramide. Das Bauwerk ist elf Meter hoch, verziert mit Elementen aus der Baukunst ihrer sprichwörtlich großen ägyptischen Vorbilder. Doch etwas ist anders. Über ihrem Eingang prangt nämlich ein christliches Kreuz.

TRAVELBOOK hat sich die Geschichte hinter diesem geheimnisvollen Bauwerk angeschaut.

Die Pyramide ist ein Mausoleum

Die Pyramide von Holle wurde von einem deutschen Architekten erbaut – und diente als Mausoleum

Die Antwort gibt eine Inschrift an der Tür der Pyramide: „Ewig ist die Fortschreitung zur Vollkommenheit, wenngleich am Grabe die Spur vor dem Auge verschwindet.“ Es handelt sich bei dem skurrilen Bauwerk um ein Mausoleum, errichtet 1839 von dem Architekten Georg Ludwig Friedrich Laves für den Grafen Ernst zu Münster, der im selben Jahr verstarb. Laves, der laut der Webseite der Stadt Holle bereits als Student ägyptische Bauwerke und Plastiken „aufs Genaueste“ abzeichnete, entwarf die Derneburger Pyramide als Teil eines großen Landschaftsparks.

Auch interessant: Tipps für Hannover, die meistunterschätzte Stadt Deutschlands

Pyramide ist 139 Meter hoch

In dem Bauwerk, im Vergleich zur 139 Meter hohen Cheops-Pyramide ein Zwerg, liegen der Graf, seine Gattin und ihre Kinder begraben. Heute kann man auf dem sogenannten Laves-Kulturpfad sowohl das Pyramiden-Grab als auch das Schloss Derneburg besichtigen, welches dem Grafen 1815 für seine Verdienste auf dem Wiener Kongress geschenkt wurde.

Zu sehen gibt es auch einen Tempel im griechischen Stil, den der Architekt Laves bereits 1827 baute, außerdem ein vom ihm entworfenes Gewächshaus und drei von Laves geplante Brücken.

Auch interessant: Geheimtipp! Die unbekannten Pyramiden von Kairo

III. Pyramide mitten in Deutschland:

3800 Jahre alte "Pyramide des Nordens" erzählt Geschichte eines großen Königs[3]

Archäologen haben mitten in Deutschland ein gewaltiges, 3800 Jahre altes Bauwerk ausgegraben: einen künstlichen Berg, der weiß leuchtete. Was den Pharaonen ihre Pyramide, das war dem bronzezeitlichen König sein monumentales Grab – ein Denkmal der Macht und der Größe.

---

[3] Vgl. https://www.focus.de/wissen/mensch/geschichte/bronzezeit-in-europa-die-pyramiden-des-nordens-forscher-entdecken-riesigen-grabhuegel_id_10469604.html

Der Anblick muss schon von Weitem phänomenal gewesen sein: Ein weiß gekalkter Riesenkegel, 13 bis 15 Meter hoch, 65 Meter im Durchmesser, ein markanter Blickpunkt in einer überwiegend flachen Landschaft.

Jeder, der vor rund 3800 Jahren beim heutigen Dieskau nahe Halle in Sachsen-Anhalt vorbeikam, musste beeindruckt sein von dem gewaltigen Bauwerk: Gut 20.000 Tonnen Muttererde waren aufgeschüttet, Vulkan- und Sandsteinblöcke aus bis zu 30 Kilometern Entfernung herangeschafft worden, um die Grabkammer des mächtigsten Herrschers seiner Zeit zu schützen.

Der ruhte im Innern des Hügels, den man heute Bornhöck nennt, verborgen in einer geräumigen zeltförmigen Grabkammer mit Wänden aus starken Eichenbohlen. Anders als die Pharaonen, deren Pyramiden bis heute stehen und deren Namen in Stein gemeißelt sind, verschwand der Herr im Hügel im Nebel der Geschichte.

Der riesige Hügel verschwand im 19. Jahrhundert

Niemand kennt seinen Namen oder seine Taten. Die Grabbeigaben wurden vermutlich schon im Mittelalter geplündert. Sogar der

Riesenhügel selbst verschwand im 19. Jahrhundert im Zuge des Braunkohleabbaus. Der Tote bleibt bis auf Weiteres ein Rätsel. Fest steht nur: Der Bornhöck ist das größte bislang gefundene Hügelgrab Mitteleuropas.

So kam es einer Sensation gleich, als Archäologen zwischen 2014 und 2017 den Grabhügel freilegten, der nur noch mithilfe von Luftbildern und geomagnetischen Untersuchungen aufspürbar ist. Ihre Erkenntnisse sind dazu angetan, im Verbund mit der Himmelsscheibe von Nebra und anderen Funden aus der Region unser Bild von der dortigen frühbronzezeitlichen Aunjetitzer Kultur auf den Kopf zu stellen.

Die Forscher konnten nicht nur den Erbauungszeitpunkt des Grabhügels auf die Zeit um 1800 v. Chr. datieren, sondern auch die **logistische Meisterleistung nachvollziehen**, mit der die Großbaustelle verbunden war. Die schweren Steine und gewaltigen Erdmengen ließen sich nur mithilfe von Rindergespannen bewegen: Die Spuren der Wagen mit einer Spurbreite von etwa 1,2 Metern legten die Forscher frei.

Der Bau des Grabhügels war eine logistische Meisterleistung

Etwa 18.000 Fuhren waren nötig, hat der Bornhöck-Ausgräber Torsten Schunke berechnet, um die wertvolle Schwarzerde heranzuschaffen. Reste riesiger Mahlsteine zeugten davon, wie viele Menschen damals gleichzeitig ernährt werden konnten. Nicht zuletzt bedurfte der Grabhügel einer sorgsamen Pflege über den Tod des Bauherrn hinaus, da die Kalkschicht immer wieder erneuert werden musste. Und es gab mindestens eine Zweitbestattung.

Eine Großbaustelle mit Hunderten von Arbeitern und Zugtieren, planmäßig organisiert, angelegt als generationenübergreifende Gemeinschaftsleistung – das verband man bislang nur mit Hochkulturen mit einer ausdifferenzierten, hierarchisch strukturierten Gesellschaft.

Die Grabfunde bestätigen: Genau diese scheint es damals auf dem Gebiet von Sachsen-Anhalt gegeben zu haben. Die mit fruchtbarer Erde gesegnete, durch Salz- und Metallhandel in ein internationales Handelsnetzwerk eingebundene Region zwischen Harz, Elbe und Saale war offenbar Schauplatz eines mächtigen Reiches.

Bornhöck stand an der Spitze des Staatswesens

Die schon zuvor bekannten, nicht allzu weit entfernten Grabhügel von Leubingen und Helmsdorf sind zeitlich etwas früher anzusetzen, aber in Bauweise und Gestaltung der Grabkammer dem Bornhöck praktisch identisch. Nur waren sie mit gut acht Metern Höhe deutlich kleiner.

Harald Meller, Landesarchäologe von Sachsen-Anhalt, schließt daraus: An der Spitze des "ersten Staatswesens nördlich der Alpen", dem Reich von Nebra, stand der Herr von Bornhöck. Diesem König nachgeordnet waren die Fürsten von Leubingen und Helmsdorf. Dass auch sie mächtig und reich waren, beweisen ihre goldenen Grabbeigaben: Massive Armringe, Lockenringe, Gewandnadeln und kleine Spiralen.

Betrachtet man die zeitüblichen Normalbestattungen, ist die soziale Kluft zur übrigen Bevölkerung nicht zu übersehen: In der Regel bettete man die einfachen Menschen in Hockerstellung und ohne Beigaben in schlichten Flachgräbern zur letzten Ruhe. Selbst die Männer traten ohne Waffen **ihren Weg ins Jenseits** an.

Welch prachtvolle Ausstattung der König in seiner letzten Ruhestätte besaß, ist unbekannt. Doch ein im 19. Jahrhundert ganz in der Nähe des Fürstengrabes gefundener und nach 1945 gen Moskau abtransportierter Goldhort stammt mit größter Wahrscheinlichkeit aus dem Bornhöck. Unter den fünf erhaltenen Stücken ragt vor allem ein goldenes Beil hervor, das sich als altes Herrschaftssymbol auch in den Gräbern der Gottkönige **Ägyptens** und des Vorderen Orients findet.

Ein goldenes Beil als Herrschaftssymbol

So war der Herr vom Bornhöck ein zweifach ausgezeichneter Mann: Er besaß nicht nur den höchsten Grabhügel weit und breit, sondern auch noch das Symbol einer gottgleichen Herrschaft. Harald Meller sieht in ihm auch deswegen den Besitzer der Himmelsscheibe von Nebra. Metallurgische Analysen ergaben zudem, dass das **Gold** der Himmelsscheibe und jenes der Grabbeigaben von Leubingen und Helmsdorf aus derselben Goldmine in Cornwall stammten.

Ab 1600 v. Chr. verfiel die Macht des unbekannten Königreichs, wohl ausgelöst durch eine Umweltkatastrophe wie dem Ausbruch des Vulkans von Thera auf Santorin. Die Himmelsscheibe von Nebra fand ihren Weg in die Erde, und die Bestattungssitten änderten sich merklich. Die Männer ließen sich fortan in Rückenlage und mit Schwert unter kleinen Hügeln zur Ruhe betten. Es war der Beginn der sogenannten Hügelgräberzeit, in der sich die sozialen Unterschiede anscheinend einebneten.

300 Jahre später kam es erneut zu einem grundlegenden **Wechsel der Bestattungssitten**: Die Toten wurden verbrannt und in Urnen beigesetzt. Es entstanden Begräbnisplätze mit Hunderten von Gräbern, die der Urnenfelderkultur ihren Namen verliehen. Die größte Nekropole der späten Bronze- und vorrömischen Eisenzeit liegt im niedersächsischen Landkreis Oldenburg: 530 Grabhügel aus der Zeit von 900 bis 200 v. Chr. Die meisten sind nur etwa einen Meter hoch und dienten der Aufnahme einer einzigen Urne.

Das lässt auf einen starken Bruch der Jenseitsvorstellungen schließen. Hochstehende Personen wurden in seltenen Fällen mit ihrem Prunkwagen verbrannt, ansonsten erlauben die Urnenbestattungen kaum Rückschlüsse auf die soziale Ordnung. Was den Wandel verursachte, bleibt bislang im Nebel der Geschichte verborgen.

IV. Pyramiden auch in Deutschland:[4]

Abb. 1 Sommerhälde in Schmie, Cairn IV mit Portal. (Bild: Archiv Walter Haug)

Pyramiden beschränken sich offenbar nicht allein auf Ägypten und Südamerika, das belegen Entdeckungen, die in letzter Zeit gehäuft gemacht wurden. Man denke an die pyramidenförmigen Hügel, die Thor Heyerdahl auf den Malediven ausgrub [1], an die weißen Pyramiden bei Xian in China [2] oder die gestuften Steinpyramiden auf Teneriffa, die Harald Braem („Terra X") entdeckt hat [3] und mit

4 Vgl. https://atlantisforschung.de/index.php?title=Pyramiden_auch_in_Deutschland%3F

den Cairns der Bretagne vergleicht. Doch dieser Artikel handelt von einer Entdeckung hier mitten in Deutschland, von einer archäologischen Sensation, die geeignet ist, das Bild unserer Vorgeschichte in weiten Teilen völlig neu zu entwerfen. Gibt es große Monumente aus Stein, Bauwerke, in denen vermutlich die größten Regenten einer versunkenen Kultur hier mitten in Deutschland einst bestattet wurden?

Ruinen, im Wald verborgen, die in ihrem äußeren Erscheinungsbild an die vom Regenwald überwucherten Tempel der Inka, Maya und Azteken erinnern, tauchen real und anfaßbar vor unseren Augen auf und lassen uns kopfschüttelnd verharren. Warum wurde bisher noch niemand auf diese Riesenbauten aufmerksam? Ist es denn zu fassen, dass hier, mitten in einem der wissenschaftlich und technisch weit entwickelten Länder der Welt, solch monumentale Architekturen dem Auge der mit aller Weisheit und Kenntnis universitärer Bildung ausgestatteten Forschenden schlicht entgangen sind?

Es gibt offensichtlich immer noch weiße Flecken der bewussten Wahrnehmung hier in unserem Land. Auch Deutschland ist eine Terra X, die unerwarteterweise die größten Steinbauten einer rätselhaften Hochkultur aufweist. Finden wir hier die Wurzeln der von Braem gesuchten unbekannten Weltkultur, die als Seefahrer der Vorzeit ihre Pyramiden über die ganze Welt verstreuten?

Die Entdeckungen liegen in einer Region, die jahrhundertelang zu den ärmsten Deutschlands gehörte. Die wirtschaftliche Unterentwicklung und kulturelle Vernachlässigung dauert bis in die Mitte unseres Jahrhunderts. Erst nach dem 2. Weltkrieg eroberte sich die demographische Expansion auch diese idyllischen Randgebiete. In die umliegenden Städte pendelnde Yuppies bauten dort ihre Wohnhäuser, und mittelständische Industrien brachten neuen Wind in Landschaften, die in ihren uralten Bezeichnungen Kraichgau und Zabergäu genannt werden.

Das Fundgebiet nun erstreckt sich im Städtedreieck Karlsruhe - Pforzheim - Heilbronn, wobei die größten Vorkommen, richtige Nekropolen, bei Bruchsal, Breuen und Maulbronn zu finden sind. Das allerdings unter dem Vorbehalt, dass jederzeit noch weitere Funde an anderen Orten gemacht werden können, wobei der Schriftsteller Uwe Topper [4] das größte Monument erst im Frühjahr 1999 direkt neben den geheimnisumwobenen Externsteinen bei Detmold entdecken konnte: Den Bärenstein mit einer Seitenlänge von 250 Metern!

Eine Außenseiterentdeckung trifft auf den Widerstand der etablierten Wissenschaft

Abb. 2 Cairn I, Zwerchhälde in Sternenfels, Basismauer während der Freilegung. (Bild: Archiv Walter Haug)

Was nun macht das Auge des professionellen archäologischen Betrachters so unempfindlich gegenüber diesen Funden? Anlässlich der Entdeckung Anfang der neunziger Jahre konnten die damaligen Vertreter der Landesdenkmalämter in Karlsruhe und Stuttgart die

Bauwerke nicht als prähistorisch identifizieren. Sie sahen die Situation dieser alten Gemäuer, umgeben von hohen Felswänden, und glaubten daher wissen zu müssen, dass es sich bei den riesigen offensichtlich gemauerten Hügeln um Abraumhalden profaner Steinbruchbetriebe handelt.

Wer sich allerdings wirklich mit der Materie auseinandersetzen will, muss eine realistische Erklärung dafür finden, dass es zwei Kategorien von Steinbrüchen gibt: Tatsächliche, die meist völlig leergeräumt als gähnendes Loch dem Betrachter erscheinen und damit klar zu erkennen geben, dass sie kommerziell ausgebeutet wurden, oder aber solche, die große Bauwerke beinhalten, die man oberflächlich betrachtet für Abraumhalden halten könnte, wenn sie nicht einfach viel zu groß geraten wären und die Steinbrüche in Gänze ausfüllen würden.

Nun kann jeder einen wirklich etwa dreihundert Jahre alten Steinbruch in der Region besichtigen, und zwar, wenn man mit der Stadtbahn von der Karlsruher Innenstadt Richtung Bretten fährt. In Grötzingen sieht man links unter sich die Pfinz und an ihrem jenseitigen Ufer eine große moderne Wohnsiedlung. Dieses Areal ist ein riesiger Steinbruch, dessen Bausteine 1715 zum Bau des

Karlsruher Stadtschlosses über die Pfinz und eigens gegrabene Kanäle weggeflößt wurden. Die bergseits hoch aufragende Felswand beherbergte bis in die siebziger Jahre ein umfangreiches Industrieareal. Wer sich als Archäologe wirklich ernsthaft mit der Frage ,,Steinbruch oder Felsnekropole" auseinandersetzen will, kommt um die Bewertung dieses völlig normalen Steinbruches nicht herum, der nirgends eine Halde aufweist, die den Bau der Wohnhäuser auf völlig planem Niveau behindert hätte.

Abb. 3 Cairn IV, Mauerecke. (Bild: Archiv Walter Haug)

Welcher Steinbruchbesitzer in der Menschheitsgeschichte wäre jemals auf die seltsame Idee gekommen, nur Abraum zu produzieren und diese Abraumhalden ummauern zu müssen? Jede

Mauer, die einmal um einen Haufen gezogen wird, würde beim Aufkippen neuen Schuttes zugeschüttet, das Ergebnis also eine sinnlose Verschwendung von Material und Arbeitskraft.

Aber unsere Theoretiker haben sich auch nie die Mühe gemacht, einen regulären Steinbruchbetrieb zu besichtigen. Hinter ihrer abstrusen These steckt die moderne Idee von Unfallverhütung, die erst sehr spät nach der Aufklärung aufgekommen ist und in der Antike und im Mittelalter nicht im mindesten vertreten wurde, denn damals setzte man sogar Kinder im Bergbau ein und zog sie zu Steinbrucharbeiten heran, wie heute noch in Indien und anderen Staaten.

In Wirklichkeit begegnet man hier wieder den sattsam bekannten Symptomen eines Wissenschaftsbetriebs, der aufgrund seiner immensen Fülle von Informationen nicht in der Lage ist, den Überblick zu erhalten. Jeder Wissenschaftler hat nur eine Chance, sich als Spezialist neue Erkenntnisse zu erarbeiten.

Das führt dazu, dass ein auf römische Provinzial-Archäologie spezialisierter Doktor der Archäologie offenbar noch nie von vergleichbaren Nekropolen in anderen Teilen des Kontinents gehört hat und deshalb behaupten kann, Grabhügel in Steinbrüchen seien ihm unbekannt und unglaubwürdig. Dabei fehlt ihm schlicht die Kenntnis der etruskischen Banditaccia-Nekropole bei Cerveteri, etwa neunzig Kilometer nördlich von Rom **(Abb. 4)**.

Abb. 4 Zum Vergleich: Luftbild der Banditacci-Nekropole von Cerveteri im Etruskerland. (Bild: Archiv Walter Haug)

Dort entstanden zwischen 700 und 100 v. Chr. Grabhügel, die auf einer Breite von zwei Kilometern in den Fels hineingebaut wurden [5]. Man hat es also genauso mit einem riesigen Steinbruchkomplex zu tun, mit einer dichten Ansammlung von Grabbauten, die bergseits ringsum von einer Felswand umgeben sind, wie die Monumente hier in Südwestdeutschland. Diese Grabhügel füllen den "Steinbruch" genauso hermetisch aus, wie die angeblichen Halden hier.

Dieser Artikel kann bei weitem nicht all die entdeckten Bauwerke im Fundgebiet und die erreichten Forschungsergebnisse vorstellen, die im Laufe der zehn Jahre seit der Entdeckung des ersten Monuments gesammelt wurden. Sie sind in einer Dokumentation vereint, die in unserem Verlagswesen - man kann's nicht glauben! - immer noch nach einem großen Verlag sucht.

Hier soll nur anhand der wichtigsten Kriterien auf archäologische und damit auch für die Schulwissenschaft nachvollziehbare Weise bewiesen werden, dass hier in Deutschland in der Vorzeit Stufenpyramiden gebaut wurden. Dazu muss herausgestellt werden, dass es sich bei den Fundstätten nicht um kommerzielle Steinbrüche vergangener Jahrhunderte handelt.

Machen wir dies am Beispiel der Zwerchhälde von Sternenfels (etwa zehn Kilometer nordöstlich von Bretten), die als erste entdeckt wurde und von der eine Abbildung des oberen Cairns gezeigt werden kann **(Abb. 4)**. Eine Darstellung des Gesamtbauwerks (s. Karte) jedoch ist durch die Lage im Wald äußerst schwierig. Selbst ein Fotoflug im laubfreien Frühling brachte keine verwertbaren Ergebnisse.

Die Bearbeitung der Felswände

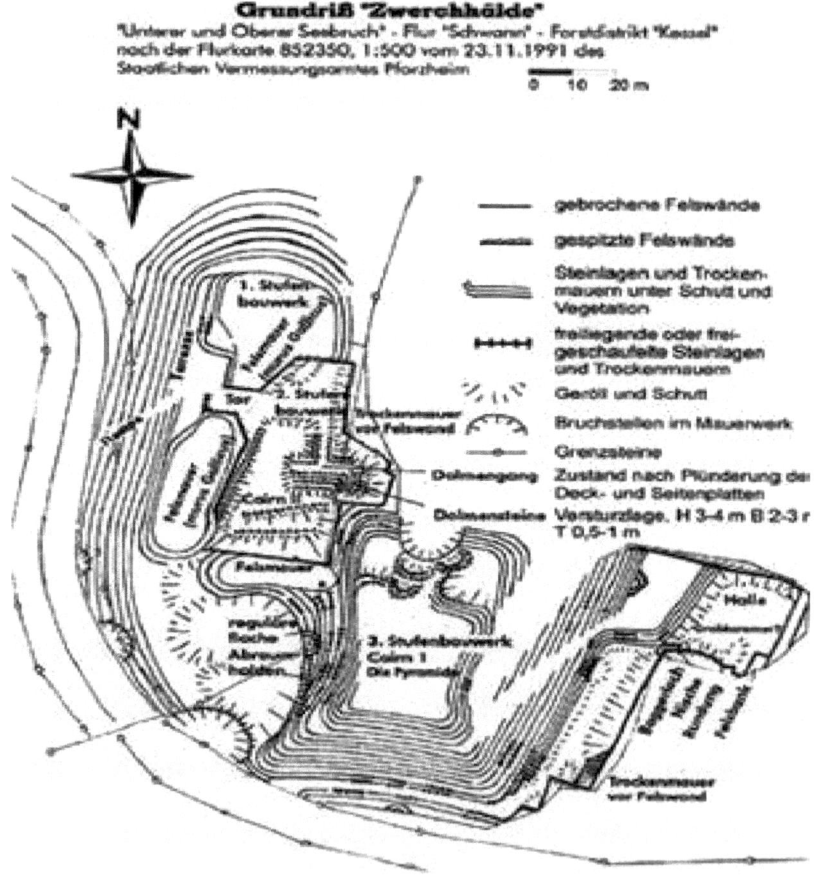

Abb. 5 Grundriss der 'Zwerchhälde' (Bild: Archiv Walter Haug)

Jeder Geologe und Archäologe, der sich hier mit den glatt bis zu sechzehn Metern Höhe auf-ragenden, gerade verlaufenden Felswänden konfrontiert sah, musste konstatieren, dass dies nicht dem normalen Erscheinungsbild in Steinbrüchen entspricht. Dort müsste man auf mehr oder weniger zerklüfteten Fels stoßen, der Bohrlöcher aufweist. Diese fehlen hier vollständig. Statt dessen ist der Fels durch Spitzmeißel oder -hacken geglättet **(Abb. 9)**.

Sogenannte pikierte Felswände aber kennt die Wissenschaft aus sehr alten Steinbrüchen, z.B. dem Kriemhildenstuhl bei Bad Dürkheim, der von der Schulwissenschaft als römischer Steinbruch anerkannt wird, also bis zu 2000 Jahren alt ist. [6]

Bis in das frühe Mittelalter hinein soll man diese sogenannte Schrotgrabenmethode praktiziert haben, bei der man lange schmale Rillen von oben in den Fels hinein haut und damit die Blöcke vom Fels trennt. Jedoch wurde diese Methode im alten Ägypten seit den ersten Pyramiden angewandt. Ja es ist so, dass ausnahmslos alle Pyramidensteinbrüche Ägyptens seit 2500 v. Chr. diese Pikierungen zeigen. Nun ist durch die Ausarbeitung des Ehepaars Klemm [7] hinreichend bekannt, dass eine große Zahl dieser

Steinbrüche nach der Ausbeutung zu sakralen Zwecken umgewidmet wurde.

Dort entstanden Schacht- und Stollengräber im Fels, ganze Galerien wurden in den Fels hineingetrieben und mit Grablegungen ausgestattet. Tempelhöhlen sind bekannt, die in christlicher Zeit z.T. zu koptischen Felskirchen umgewandelt wurden, Sphingen bewachen das steinbruchartige Totenreich, genau wie die Pyramiden von Gizeh. Was also hindert uns daran, anzunehmen, dass unsere „Steinbrüche", wenn sie in derselben Technik und logischerweise selben Zeit entstanden, nicht auch Nekropolen derselben Art sind?

Die Bauweise der "Halden"

Das oberflächliche Erscheinungsbild der zwanzig Meter hoch aufgeschichteten Zwerchhälde **(Abb. 6)** (zum Vergleich ein siebenstöckiges Hochhaus) erinnert wirklich an eine völlig von Vegetation überwucherte Schutthalde. Bei meinen ersten Grabungen allerdings stieß ich nach Beseitigen der erosionsbedingten Ablagerungen sehr bald auf trocken gesetztes Mauerwerk.

Nach der Theorie der besichtigenden Archäologen hätte man es hier mit einer Schutzmauer zu tun, und dahinter würde sich weiterer Schutt verbergen. Die Freilegung allerdings erbrachte, dass Mauer hinter Mauer errichtet wurde, und dies, anschaulich zu besichtigen, bis drei Meter tief ins Bauwerk hinein.

Doch selbst diese Mächtigkeit der Mauer hätte nach statischen Kalkulationen im Ernstfall nicht verhindert, dass die ganze riesige Schutthalde von 60 x 80 x 20 m und 150.000 t Gewicht, falls es denn wirklich eine wäre, aufgrund ihrer abnormen Steilheit von mehr als 45° nach den hier ständig auftretenden Regengüssen irgendwann ins Rutschen gekommen und die Mauer mit sich reißend zusammengestürzt wäre. Aber das Bauwerk erhebt sich immer noch in maje-stätischer Erhabenheit. Folglich muss das Bauwerk durch und durch solide aufgebaut sein, also kompakt aus Mauerwerk bestehen.

Abb. 6 Die Zwerchhälde von Sternenfels, Cairn I, Ansicht von Westen. (Bildarchiv Walter Haug)

Kurt Mendelssohn [8] konnte am Modell der Pyramide von Meidum nachweisen, dass diese aufgrund schlecht zugehauener Bausteine eingestürzt ist. Dort waren nicht einmal auslösende Wassergüsse nötig, allein die Druckkräfte des massiven Bauvolumens reichten aus, um die groben, nicht glatt aufeinander sitzenden Steine zu zerbröseln und ins Rutschen zu bringen. Eine weit weniger steile Kohlenabraumhalde kam Anfang der sechziger Jahre bei Manchester ins Rutschen und begrub ganze Straßenzüge mit Wohnhäusern und darin lebenden Menschen unter sich, eine der größten Katastrophen in neuer Zeit.

Nun erinnert uns die Bauweise konzentrisch hintereinander gesetzter Trockenmauern ganz eindeutig an die Cairns der Megalithkulturen in West- und Nordeuropa. P. R. Giot [9] rekonstruierte in den sechziger Jahren einen der größten dieser Art, den Cairn von Barnenez. Seiner Definition entsprechend handelt es sich bei dieser Art von Cairn um megalithkulturelle Stufenpyramiden. Um das Zentrum, die Grabkammer in Form eines Dolmens oder einer bienenkorbförmig geschichteten Kuppel, wurden die schützenden Mauern wie Zwiebelschalen angebaut **(Abb. 2** und **3)**. Dabei bildete jede Mauer zugleich eine Stufe des Bauwerks.

Denn es ist so, dass auch die Großzahl der ägyptischen Pyramiden nach diesem Prinzip errichtet wurden [10], also nicht, wie man allgemein glaubt, horizontal Stufe auf Stufe gesetzt, sondern dass man um einen zentralen obeliskenförmigen Turm, der die Grabkammer enthielt, absteigende Stufenmauern anbaute.

Daraus kann man nur schließen, dass auch die hier vorhandenen Bauwerke der europäischen Megalithkultur angehören und nach den schulwissenschaftlichen Datierungen sogar noch älter als die meisten ägyptischen Pyramiden, bis 8000 Jahre alt, sein können, wenn es auch gute Gründe gibt, diese völlig überdehnte Chronologie auf ein Bruchteil zusammenschrumpfen zu lassen. [11]

Die Grabkammern

Hier sieht sich die - immer noch - Hypothese von Stufenpyramiden in Deutschland mit dem schärfsten Prüfstein konfrontiert. Obwohl auch Braem bis heute keine Grabkammern in seinen Stufenpyramiden nachweisen kann, entscheidet sich hier, ob größte archäologische Ente oder Entdeckung. Man muss annehmen, dass die meisten Grabkammern wie die Dolmen West- und Nordeuropas aufgrund ihrer leichten Begehbarkeit durch den Grabgang schon lange geplündert, bewusst zerstört oder eingestürzt sind, wie die Indizien am Bärenstein annehmen lassen. Nur wenige intakte Grablegen, die allerdings den ganzen Reichtum einer Epoche beinhalten dürften, kann man tief unter den größten Stufenpyramiden erwarten.

Das zuerst entdeckte Monument, der große Cairn der Zwerchhälde, bietet nur einen durch Mutung gefundenen Ansatzpunkt, wo ein Grabgang beginnen könnte. Eine nicht abgeschlossene Baggerung erbrachte das Ergebnis, dass mit Ablagerungen von mindestens zwei Metern zu rechnen ist, die erst beseitigt werden müssten, um auf das alte Bodenniveau der Portale zu kommen. Mutungen deuten sogar auf drei Meter tiefe Schichten. Dann wäre noch immer nicht sicher, wo angesetzt werden müsste. Ein ziellos in den ca. 56.000 m3 großen Baukörper hinein getriebener Sondierungsstollen käme, fachgerecht von einem Tiefbauunternehmen durchgeführt, auf schätzungsweise 200.000 DM.

Abb. 7 Zum Vergleich: Das Megalithgrab Maes Howe auf den Orkney-Inseln.

Trotzdem kennen wir eine große Grabkammer im mittleren Stufenbauwerk der Zwerchhälde in Sternenfels, das bis zuletzt abgetragen wurde und dabei irgendwann die wohl schon damals lange geplünderte Grabkammer zum Vorschein brachte. Diese allerdings ist vorsätzlich zum Einsturz gebracht worden.

Dabei kamen die einst waagrecht aufeinander liegenden, drei bis vier Meter langen und fast einen Meter dicken Dolmenplatten in die heutige schräg hintereinander gestaffelte Versturzlage. Diese Felsplatten müssen ursprünglich eine aus überkragenden Lagen bestehende Kuppel gebildet haben, ähnlich wie die bis zu sechs Meter langen Felsplatten des Megalithgrabs Maes Howe **(Abb. 7)** auf den Orkney-Inseln. [12]

Die Reste dieser Grabkuppel liegen in einer Felsnische, die durch einen ellbogenförmig abgewinkelten Grabgang zu erreichen ist, der heute offen liegt. Denn dieses mittlere von drei in sich abgeschlossenen Stufenbauwerken stand nachweislich der Akten in den Gemeindearchiven bis zum 1. Weltkrieg der Plünderung durch Baufirmen frei.

Dabei wurde dieser Cairn bis fast auf die Fundamente, auf einen Stumpf von eineinhalb bis fünf Metern Höhe abgetragen und seiner verwertbaren Bausteine und -platten beraubt. Die Katasterkarte des Jahres 1835 beweist eindeutig, dass seit diesem Jahr die Felswände nicht angerührt wurden und der Umriss des „Steinbruchs" immer noch derselbe ist, folglich also nur die Bauwerke im Innern als Baustofflieferant gedient haben können.

Die große Nekropole von Schmie

Abb. 8 Die große Nekropole von Schmie besteht aus fünf großen Cairns oder Hälden, wie die alte Bezeichnung aufgrund der konsequent vorkommenden Flurnamen rekonstruiert werden muss.

Die Sommerhälde/Steingrube in Schmie bei Maulbronn **(Abb. 8)** besteht aus fünf großen Cairns oder Hälden, wie die alte Bezeichnung aufgrund der konsequent vorkommenden Flurnamen rekonstruiert werden muss. Hälde könnte auf altgermanisch Holda oder Hel, die Todesgöttin, zurückgehen. Diese wäre demnach die Schutzgottheit der Grabkammern gewesen, deren Ein-gang man in Schmie gleich an zwei Grabhügeln zu erkennen glaubt.

Es sind eindeutig portalartige Einschnitte in die Baukörper, wie man sie von anderen Megalithgräbern in Spanien und der Bretagne kennt, allerdings z.T. zugemauert oder verschüttet. Die Besitzer bezeichnen diese als Keller und erklärten uns, dass in einem dieser Räume früher die Schmiede des einstigen Steinbruchbetriebs untergebracht gewesen sei, dort also die Werkzeuge der Steinhauer geschliffen wurden. Zu sagen ist, dass die ehemalige Abbauzone nachweis-lich der Katasterkarten exakt an das Vorkommen der Grabhügel anschließt, dieses Gräberareal also nie betroffen hat.

Aufschlussreich ist eine Sage, die uns die Besitzer erzählten, dass nämlich von der Steingrube aus ein Geheimgang zum zwei Kilometer entfernten Lienzingen führen würde, also eindeutig ein Hinweis auf unterirdische Felsstollen und Grabgänge. Mutungen an der Herdhälde bei Sternenfels brachten Hinweise auf weitere Grabgänge, ebenso an der Zwerchhälde.

Ein Fenster in die Vergangenheit

Wie man sich diese versunkene Hochkultur vorzustellen hat, demonstriert der verwunschene kleine Ort Sternenfels mit seinem Ensemble aus Felsgräbern und -Nekropolen rund um die Hochebene. Seine bäuerlichen Häuser schmiegen sich an den Rand des hoch aufragenden Strombergs. Die topografische Situation erinnert irgendwie an die Inkastadt Machu Picchu in den Anden. Natürlich sind die Höhenverhältnisse nicht so krass wie dort, aber ganz offensichtlich hat man auch hier die Besonderheit der Landschaft gesucht, die Abgehobenheit auf einer umgrenzten Fläche, die für vorzeitliche Angreifer sicher schlecht zu erobern war. Solche Bergstädte sind aus der Vorgeschichte Deutschlands und Europas, z.B. auch bei den Etruskern, reichlich bekannt, Caesar schildert sie als typisch für die Kelten und nennt sie Oppida.

Ein breiter und tiefer Graben, den man sicher als keltischen Abschnittsgraben bezeichnen darf; schneidet den äußersten westlichen Zipfel des Stromberghöhenzugs ab und vereint ihn damit

mit der unterhalb liegenden Hochfläche, die vermutlich einst von einem Palisadenzaun umgeben war. Mitten auf dieser Hochfläche entspringt unterhalb des Augenberges die Kraich, nach welcher der ganze Gau benannt ist. Vom äußersten Bergsporn des Strombergs oberhalb des Burgturms von Sternenfels hat man nun einen phantastischen, geradezu majestätischen Blick über den ganzen Kraichgau bis zum Rhein im Westen und bis zum fünfzig Kilometer entfernten Steinsberg im Norden.

Von hier aus kann man auch die Felsgräber erahnen, die immer am Rand des großen Waldes, der die steilen Hänge rings um Sternenfels beherrscht, liegen. Diese Bergstadt aber muss eine besondere gewesen sein. Nicht nur die Größe lässt das erahnen oder die durch irisch-keltische Überlieferung bekannte Tatsache, dass das keltische Königtum an die Quelle des durch den Königsgau fließenden Gewässers gebunden war und man also dort die Königsstadt erwarten muss, sondern auch eine eindeutige Sage, die berichtet, dass im künstlich anmutenden Berg, auf dem das Schloss steht, in der so genannten ,,Burghälde" ein Kaiser bestattet sei. [13]

Abb. 9 Felswände der Zwerchhälde von Sternenfels.

Auch die seltsame Konstellation der Gräber am Rand der Hochebene vermittelt den Eindruck einer geschlossenen, vielleicht sogar heiligen Stadt. Ein kleines aber schroffes Seitental des Kraichbachtals am Rand der Hochebene öffnet ein Fenster in die geheimnisvolle Vergangenheit und lässt uns etwas ahnen von den mysteriösen Ritualen um die einst sicher prächtig aufragenden Kultbauten.

Dort erhebt sich ein kleiner Burgstall am Rand der Hochebene und dominiert dieses Tal sichtbar. Lediglich der U-förmige Graben ist geblieben. Wie man sich die kleine Fortifikation darin vorzustellen hat, ob es sich überhaupt um eine solche handelt oder vielleicht sogar um eine unbekannte Form von Tempel, konnte die Archäologie bis heute noch nicht in Erfahrung bringen. Die Ähnlichkeit zu den ebenfalls rechteckigen keltischen Viereckschanzen, die vor allem in Frankreich als Kultstätten mit keltischen und galloromanischen Umgangstempeln bezeichnet werden, ist jedoch frappant.

Man datiert diese in Deutschland oft vorkommenden Bauten allgemein ins frühe Mittelalter, obwohl umfassende Grabungen, die diese Aussage stützen könnten, fehlen. Das wäre allerdings auch kein chronologisch unlösbares Problem, denn die Erforschung der etwa zehntausend Steingrabhügel im Regierungsbezirk Freiburg durch den Archäologen Wesselkamp brachte heraus, dass das Megalithikum gar nicht, wie man bis heute glaubt, um 2200 v. Chr. zu Ende gegangen ist, sondern bis in das frühe Mittelalter hinein reichte. Alemannen und Merowinger bestatteten ihre Toten in altheidnischer Tradition unter Dolmen und Steinkisten.

Das besondere aber an dem Burgstall ist die erst jüngst entdeckte Tatsache, dass das aus dem Burggraben gebrochene Gestein direkt unterhalb des äußeren Grabenaustritts etwa fünfundzwanzig Meter hoch aufgestapelt wurde und einen konischen zinnenartigen Turm bildet, der sich als Ecke deutlich vom Hang abhebt, an den er sich über die ganze Höhe fügt. Seine Spitze bildet eine runde Plattform, die vom Grabenaustritt zu betreten ist. Unten im Tal führt ein schmaler Weg direkt zu dieser Zinne und endet dort abrupt.

Auf der linken Seite des Tales verläuft wiederum ein Weg recht steil den abschüssigen Hang hinauf und endet nach mehr als hundert Metern knapp unterhalb der Hochebene an der "Herdhälde". Auch hier wieder ein steinerner Tumulus in einem Felsausbruch, der diesen vollständig ausfüllt. Wenn hier jemals kommerziell Steine gebrochen worden wären, hätte ein zum Abtransport notwendiges Ochsengespann nicht einmal Raum zum Wenden gehabt, so eng sind dort die Verhältnisse.

Am überzeugendsten aber ist die Tatsache, dass keine Verbindung zur kaum zehn Meter höher liegenden Hochfläche vorhanden ist, obwohl man diese und das nahe liegende Dorf doch vor allem hätte erreichen wollen. Statt dessen wäre der Transport erst steil hinunter ins Tal, und von dort über die Kreisstraße wieder hinauf auf die Hochfläche erfolgt, arbeitstechnisch ein völlig unnötiger Umweg. Diese Isolation der oben liegenden Stadt aber scheint ursprünglich beabsichtigt gewesen zu sein. Beide Wege im Tal enden an klar erkennbaren Monumenten aus Stein. Die Funktion des zinnenartigen Turms, vielleicht ein astronomisches Observatorium, ist noch nicht eindeutig klar, aber auch hier kann man eine Grablege im Kern erwarten. Von allen Hochkulturen der Vorzeit ist bekannt, dass der Ahnenkult und das Opfer eine große Rolle spiel-ten. In jahreszeitlichen Festen dankte man den Vorfahren für den angedeihlichen Schutz und opferte einen Teil der Ernte und der nachwachsenden Viehbestände.

Offenbar kam in Sternenfels die Bevölkerung der umgebenden Höfe zusammen, die sich nach Rekonstruktionen der Archäologen in einem Radius von bis zu fünfundzwanzig Kilometer um die zentrale Bergstadt verteilen konnte [14], formierte sich in Prozessionen und zog zu den Hälden, wo sie ihren Herrschern und deren Ahnen an Altären opferte, wie einst auch die Ägypter an ihren Pyramiden und andere vergleichbare Kulturvölker. Die Funde am Cairn von Barnenez [15] belegen, dass vor den Portalen in den Grabkammern kultische Feuer abgebrannt [16] und Gefäße vermutlich rituell zerschlagen wurden.

Ein Appell

Unser seit Anfang 1999 bestehender Verein hat sich zur Aufgabe gemacht, eine dieser intakten, vermutlich wie in Barnenez zugemauerten Grabkammern zu entdecken und freizulegen. Als Privatinitiative hoffen wir natürlich auf die Unterstützung der Landesdenkmalämter, wissen aber, wie beschränkt deren Mittel sind. Deren Mitarbeiter sind vollauf damit beschäftigt, nur die akuten Notgrabungen durchzuführen. Deshalb können wir nicht auf staatliche Zuschüsse rechnen und bleiben daher auf Unterstützung jeder Art angewiesen.

Wir brauchen Genehmigungen, die immer im Wald liegenden Bauwerke von Bäumen und Vegetation zu befreien. Ebenso ist Deponiefläche für die beim Graben anfallenden Schuttmassen erforderlich, da in den beengten Flächen innerhalb der Felswände nichts abgelagert werden kann.

Das Notwendigste sind Arbeitskräfte, die die Schwerarbeit mit zu bewegenden Steinplatten und -blöcken nicht scheuen. Wenn auch Sie, werter Leser, eine Möglichkeit sehen, unser Projekt zu fördern, so können Sie nicht nur auf unsere Dankbarkeit rechnen. Man wird dann auch Sie zu den Pionieren zählen, die der bislang völlig unbekannten aber allem Anschein nach überaus glanzvollen Vorgeschichte unseres Landes zum Durchbruch verhelfen wollen.

Kontakt zum Autor

Für weitere Infos wenden Sie sich bitte an: **Walter Haug**, Wössinger Str. 100, D-75045 Walzbachtal, Tel. 07203-6278; im Internet: megalith-pyramiden.de

Anmerkungen und Quellen

Dieser Beitrag von **Walter Haug** © wurde erstmalig in der EFODON-SYNESIS Nr. 2/2000 veröffentlicht. Bei *Atlantisforschung.de* erscheint er (2005) in einer redaktionell überarbeiteten Fassung nach http://www.efodon.de/html/archiv/pyramiden/haug/hpyr.htm

1. Siehe: Thor Heyerdahl: "Fua Mulaku", 1986
2. Siehe: Hartwig Hausdorf: "Die weiße Pyramide", 1994
3. Siehe: Harald Braem: "Die Geheimnisse der Pyramiden", 1992
4. Siehe: Uwe Topper: "Das Erbe der Giganten", Olten 1977
5. Siehe: **Mario Moretti** (Hrsg.): "Cerveteri", Instituto Geografico de Agostini, Novara 1978
6. Siehe: **Friedrich Sprater**: "Die Pfalz in der Vor- und Frühzeit, Limburg und Kriemhildenstuhl", Speyer a. Rh. 1948
7. Siehe: **Rosemarie** u. **Dietrich Klemm**: "Steine und Steinbrüche im Alten Ägypten", Berlin 1992
8. Siehe: Kurt Mendelssohn: "Das Rätsel der Pyramiden", Bergisch Gladbach, 1974
9. Siehe: **Pierre-Rolland Giot**: "Barnenez - ein großer megalithischer Cairn", Edition Jos 1991

10. Siehe: **Alberto Siliotti**: "Pyramiden, Pharaonengräber des Alten und Mittleren Reiches", Karl Müller Verlag

11. Siehe: Heribert Illig: "Die veraltete Vorzeit", Scarabäus Vlg.

12. Siehe: **Anna** und **Graham Ritchie**: "The Ancient Monuments of Orkney", Maes Howe, Scotish Development Department Edinburgh

13. Siehe: Königliches statistischtopographisches Bureau (Hrsg.): "Beschreibung des Oberamts Maulbronn", Stuttgart 1870

14. Siehe: **H. Dannheimer** und **R. Gebhard** (Hrsg.): "Das keltische Jahrtausend", Mainz 1993

15. Siehe: Harald Braem: "Die Geheimnisse der Pyramiden", 1992

16. iehe: Uwe Topper: "Das Erbe der Giganten", Olten 1977

Bild-Quellen

(1-6) http://www.efodon.de/html/archiv/pyramiden/haug/hpyr.htm

(7) http://www.svenwaghals.de/fotos/gb/maeshowe05_l.jpg

(8-9) http://www.efodon.de/html/archiv/pyramiden/haug/hpyr.htm

V. Megalith-Pyramiden:[5]

Die Drei Kaiserberge Schwäbisch-Gmünd, Sternenfels, Maulbronn-Schmie, Waldshut-Geis, Kürnbach, Maulbronn Stadt, Karlsruhe-Durlach, Bruchsal, Sulzfeld, Schönau, Knittlingen, Pfozheim-Brötzingen, Würzburg-Randersacker

---

"AUTORITÄTSDUSELEI IST DER GRÖSSTE FEIND DER WAHRHEIT" (Albert Einstein)

[5] Vgl. https://megalith-pyramiden.de/

Was sind Cairns? Wo sind sie verbreitet? Wo kommen diese megalithischen Stufenpyramiden in Deutschland vor? Warum entstanden sie in „Steinbrüchen“? Wie alt sind dekorierte Steinbruch-Felswände? Findet man Grabgänge und -kammern? Mit welchen in Europa lassen sie sich vergleichen? Gibt es hier auch ganze große Pyramiden? Mit welchen Werkzeugen wurden diese Monumente geschaffen? In welche Menschheitsepoche gehören sie? Sind große Monumente ohne ein großes Reich überhaupt vorstellbar?

Vorläufige Bestandsaufnahme der gefundenen Cairns und Cairn-Nekropolen sowie möglicher Pyramiden (Bergmonumente) in Baden-Württemberg und Bayern, Stand 2011, mit ausführlichen Beschreibungen und Lageplänen.

Funde in Hessen, Niedersachsen, dem Elsaß und der Schweiz werden in eigenen Artikeln behandelt (unter "aktuell", Archiv und Reports). Rheinland-Pfalz soll folgen.

Artikel und Fundberichte von Cairns/Nekropolen. Videos von Begehungen einzelner Stätten sowie Aufnahmen der Grabungskampagne in Sternenfels 2011 - 2013. Berichte der geo-elektrischen und geo-magnetischen Messungen an der Zwerchhälde von Sternenfels, die von der Fachschaft Geo-Physik der Uni Karlsruhe 2003 - 2005 durchgeführt wurden.

Berichte mit ausführlichem Bildmaterial zu einem der längsten Cairns (rd. 400 m), über einer antike Nekropole in Rheinland-Pfalz, die offiziell als römischer Steinbruch gilt, aber von Moto-Cross-Fahrern rücksichtslos zerstört wird, eine fachliche Begutachtung des Megalithgangs Geise I auf dem Marsberg von Würzburg, der Grabungsbericht einer megalithschen Kammer in Freudenstein etc.

Die große Frage der Datierung

Diese Frage taucht immer zuerst auf und wurde schon vor langer Zeit auf www.sinnosevis.de beantwortet:

"Datierung der Gangdolmen süddeutscher Cairns"

Weitere Antworten zur Datierungsfrage finden Sie weiter unten nach dem "Info-Block Datierungsfrage" mit Link am Ende "Die Datierungen unserer Entdeckungen im Vergleich"

Dr. Semir Osmanagich, Erforscher der bosnischen Pyramiden, trifft sich auf dem Hohenstaufen bei Göppingen mit deutschen Cairnforschern.

Von links nach rechts: Michael von Grandes (Filmemacher), Dr. Klaus Becker (Geologe), Frau Elisabeth Victor, Walter Haug (Pyramiden Deutschland), Maurice Gernhälter (Pyramiden Schweiz), Dr. Sam Osmanagich (Pyramiden Bosnien), Frau Sandra Hirsch (Dolmetscherin), Michael Müller (UFO-Dokumentator), vorne die Tochter von Sandra, hinten links von Haug der Rechberg, links von Frau Hirsch der Stuifen.

Bernd Krautloher schaffte es nicht mehr aufs Gruppenbild. Hier vor seiner neuesten Entdeckung in Merklingen, die Gigantenmauern der zwei Pyramiden im Schönbühl.

VI. Cairns und Pyramiden:[6]

Göppingen: Die Drei Kaiserberge -Pyramiden

Aktuelle Liste der Cairnvorkommen

Brötzingen/Pforzheim: Arlinger Hag – Cairn-Ensemble

Freudenstein: Burgstall - Cairn-Ensemble

Heilbronn: Paradies-Pyramide – Stufenpyramide

Horn-Bad Meinberg: Bärenstein - Stufenpyramide

Knittlingen: Reichshälde/Brandhälde - Hangpyramide

Kürnbach: Sommerhälde - Hangpyramide und Cairn-Ensemble

Maulbronn: Steinbrüche im Stadtgebiet

Oberderdingen: Ölmühlenkopf - Stufenpyramide

Randersacker/Würzburg: Marsberg - Cairn-Felsnekropole

Randersacker/Würzburg: Sonnenberg - Allée Couverte

---

[6] Vgl. https://megalith-pyramiden.de/info-portal-2/index.html

Schmie/Maulbronn: Steingrube – Cairn-Felsnekropole

Sternenfels: Zwerchhälde – Stufenpyramide

Sulzfeld: Kruschhälde/Jägersitz - Stufenpyramide

Evidenz (Bildergalerie)

Der Katalog soll laufend ergänzt werden.

Hier kann im Laufe der Zeit, wenn schon keine vollständige Enzyklopädie, so doch ein ortsbezogenes alphabetisches Nachschlagewerk der wichtigsten Cairn-Vorkommen entstehen.

Die Basis-Informationen zur Cairn-Forschung findet der interessierte Leser dagegen unter der so bezeichneten Rubrik über die Startseite.

Nekropolen, heilige Quellen und Seen:

An dieser Stelle muss auf ein gemeinsames Charakteristikum der Nekropolen, ein Faktum hingewiesen werden, das ihre Identifikation erleichtert, aber auch die Theorie, die Monumente gehörten der keltischen Kultur, unterstützt.

Aufgestaute Seen und heilige Quellen scheinen nämlich zum Umfeld von Cairn-Ensembles zu gehören. In Baden-Württemberg gibt es z. B. den großen abgelassenen See unterhalb der Steingrube von Schmie/Maulbronn, unterhalb der Kruschhälden wurde einst der Kohlbach zum See aufgestaut, nur rund 2,5 km südwestlich der Kruschhälden finden wir den noch aufgestauten Seelach im Schlangenbachtal zwischen der Rohrhälde und der Sommerhälde von Kürnbach, im Tal unter der Zwerchhälde von Sternenfels, im Sommerseelach, steht noch der Damm, der den Kraichbach aufstaute, unterhalb der Steingrube/Natursteinwerk von Mühlbach existiert heute noch ein Stausee, der als Badesee genutzt wird, zwischen Bärenstein und Externsteinen wurde die Wimbecke aufgestaut.

Diese Seen dürften für das stehen, was die Sprachforscher Grimm über den etymologischen Ursprung des Begriffs Seele herausfanden. Demnach geht er auf das Wort See zurück. Im alten germanischen Glauben sollte die Seele des Menschen nach dem Tod ins Wasser eintauchen und auch von dort wieder ins Leben zurückkehren.

Den Kelten war das Wasser in jeder Form heilig. „Alle Zustände des Wassers zusammen ergaben den Kreislauf, der Himmel und Erde, Über- und Unterirdisches, Fruchtbarkeit und Sterilität, Leben und Tod ineinander übergehen ließ“ Es gab heilige Quellen, Seen und Flüsse, in denen sie ihre Opfergaben aus Gold und Silber versenkten.

Schon die Römer ließen die Seen ab und raubten alles Greifbare. „Die Quelle, der Ursprung des Wassers aus der Anderswelt vereinte das fließende und stehende Moment und genoss vor allem als Heilquelle die größte Verehrung durch alle Bevölkerungsschichten... In der irischen Sage gilt der See als Eingang zur Anderswelt, als Reich der Feen, was er bis in die Artus-Literatur beibehält“ (Lexikon der keltischen Mythologie, Diederichs, 1992). Das Fließende kommt vor allem im kurvo-linearen Stil der keltischen La-Tene-Kunst zum Ausdruck.

Demnach ist es nur logisch, dass die großen Grab-Monumente in unmittelbarer Nähe zu einem Heiligen See entstanden, da hier ja der Übergang zur Anderswelt, die sich wohl im Wasser der Seen spiegelte, stattfand.

VII. Gangdolme:

Die Datierungsfrage bei Gangdolmen süddeutscher Cairns - Anwendung der klassischen Synchronisationsmethode löst das Problem[7]

Ein Archäologe gibt freimütig zu, dass die C14-Methode ein Riesenschwindel ist

Wissenschafts- und Bildungsnation Deutschland – wer glaubt nicht gern an diesen Mythos? Bedient er doch auch den immer immanenten germanischen Größenwahn. Doch welches Maß an Unfähigkeit deutsche Wissenschaftler, in unserem Fall Archäologen und Geologen, an den Tag legen, hätte keiner, am allerwenigsten ich, für möglich gehalten. Die Entdeckung einer in dieser Konstellation völlig neuen Grabgattung, megalithische Cairns und Dolmen in Steinbrüchen, überfordert diese Experten zutiefst und dokumentiert den traurigen Zustand, in dem sich diese hierzulande völlig verkrusteten Wissenschaften befinden. Als Bürger-Archäologen wollen wir die Anerkennung unserer Forschungen, das Eingeständnis, dass es gemauerte Monumente in Steinbrüchen der

---

[7] Vgl. http://sinossevis.de/wp-content/uploads/2018/11/Datierung_der_Gangdolmen_sueddeutscher_Cairns.pdf

Mittelgebirgsregion gibt, doch die staatlichen Archäologen verweigern sich. Sie tun überhaupt nicht ihren Job. Was 25 Jahre Cairn-Forschung zutage gebracht hat, Dolmen, auch Ganggräber genannt, und Megalithkammern, können jederzeit grabungstechnisch erforscht und auf datierbares Material untersucht werden. Damit wäre sehr schnell bestätigt, was die Entdeckung der datierbaren Grabkammern schon lange herausgebracht hat: Süddeutschland hat ebenfalls eine Megalithkultur wie die meisten Länder Europas, Norddeutschland eingeschlossen. Und es besitzt überdies die größten Monumente dieser Art überhaupt. Von Pyramiden zu sprechen ist in manchen Fällen fast schon eine Untertreibung. Doch das Landesamt für Denkmalpflege in Baden-Württemberg sieht keinen Handlungsbedarf. Man verweist auf fehlende Artefakte, die man datieren könnte, als ob wir berechtigt wären, die zu zu Tage zu fördern. Zynischer geht's nicht mehr. Diese findet man mit hoher Wahrscheinlichkeit in einer oder mehreren der entdeckten Gänge und Kammern. Doch die auszugraben ist uns Bürgern nicht gestattet, obwohl es ja ein grundgesetzlich garantiertes Recht auf Freiheit der Forschung gibt. Artikel 5 Absatz 3 sagt: „Kunst und Wissenschaft, Forschung und Lehre sind frei.“ Diese Freiheit der Forschung wird in BW durch das

Denkmalschutzgesetz massiv eingeschränkt. „Alle Maßnahmen mit dem Ziel, archäologische Kulturdenkmale zu entdecken, sind in Baden-Württemberg aufgrund § 21 des geltenden Denkmalschutzgesetzes (DSchG) genehmigungspflichtig. An Privatpersonen können in der Regel keine Nachforschungsgenehmigungen durch die Fachbehörden erteilt werden, da das unsachgemäße Bergen von Funden dazu führt, dass diese unwiederbringlich aus ihren archäologisch-historischen Kontexten entfernt und wichtige archäologische Befunde sowie deren historischer Wert zerstört werden. Jegliche Überreste oder Spuren menschlichen Lebens, die sich als Zeugnisse der Vergangenheit verborgen im Boden befinden - dazu zählen auch Fundstreuungen - sind Kulturdenkmale und durch das Denkmalschutzgesetz des Landes Baden-Württemberg geschützt. Zuwiderhandlungen können gemäß § 27 Abs. 1 Nr. 1 DSchG gegebenenfalls sowohl als Ordnungswidrigkeit als auch unter Umständen als Straftat gemäß § 246 StGB verfolgt werden. Funde (§ 27 Abs. 3 DSchG) und Tatwerkzeuge (§ 74 StGB) können gegebenenfalls eingezogen und Geldbußen von bis zu 50.000 Euro, in besonders schweren Fällen bis zu 250.000 Euro verhängt werden (§ 27 Abs. 2 DschG)... Sämtliches während der

Prospektionstätigkeit entdeckte Fundgut wird gemäß § 23 DSchG mit der Entdeckung Eigentum des Landes Baden-Württemberg" http://www.denkmalpflege-bw.de. Da haben sich einflussreiche Staats-Archäologen ein Gesetz auf den Leib schneidern lassen, dass ihnen alle Rechte gibt aber keine Pflichten, eben gerade die Pflicht, Fundmeldungen aus der Bevölkerung nachzugehen und vorhandene Fundlagen, die wir in Hülle und Fülle haben, gewissenhaft und gründlich zu erforschen. Schließlich kassieren die hohen Herren die Steuergelder des Bürgers, aber fühlen sich ihm und seinem Interesse nach Erforschung der eigenen Hochkultur in keinster Weise verpflichtet. Nur so kann man eine sensationelle Entdeckung wie unsere, megalithische Cairns in Steinbrüchen, über 25 Jahre vor sich herschieben. Diese Rechtslage führt dazu, dass bis heute noch keine einzige von insgesamt 15 bekannten Kammern/Gängen in Cairns BWs und BAYs mit den modernen Methoden untersucht wurden, denn im Amt hat angeblich kein einziger Zeit dafür. Rettungsgrabungen würden alle Kapazitäten binden. Dieses Armutszeugnis wissenschaftlichen Forschungsdrangs wird vorgebracht angesichts einer der spannendsten und gewaltigsten Entdeckungen der Archäologiegeschichte überhaupt. Der mögliche epochale Fortschritt in der deutschen Archäologie wird auf eklatante Weise und massiv behindert. Wir kennen min. 5 große Cairn-Felsnekropolen mit um die 10, 20 und mehr Monumenten. Dazu ungezählte Einzelmonumente und Ensembles mit jeweils mindestens 3 Bauwerken. Doch das LAD BW fordert die Vorlage datierbarer Scherben, Kohlenstoffes oder Pollen. Vorher gibt es keine Anerkennung. Wenn es nach diesen Vorgaben geht, kann Deutschland bis auf den St. Nimmerleinstag warten, denn das Amt empfindet offenbar keine Pflicht, Fundmeldungen von Bürgern nachzugehen. Ein Skandal ohne gleichen. Wenn der Staat schon den Bürgern das Recht nimmt, selbst zu graben und damit die Freiheit der Forschung in Anspruch zu nehmen, so muss er dazu verpflichtet sein, die ehrenamtliche Arbeit der Bürger-Archäologen durch diese nur dem Staat gestatteten Grabungen zu unterstützen. Wissenschaftlich begründete Datierung durch Vergleich der Ganggrabformen Doch muss man überhaupt nach Scherben suchen, um datieren zu können? Allein unsere Gänge und Kammern sind aufgrund ihrer signifikanten Architektur leicht zu datieren. So wie es für Scherben seit Montelius, der diese Datierungsmethode einführte, typologische Reihen gibt, gibt es diese auch für Gangdolmen. Prof. Giot, der Ausgräber des Cairn von Barnenez veröffentlichte in seinem Buch „Vorgeschichte in der Bretagne – Menhire und Dolmen“ (1991) das folgende Schema, mit dem die Gangformen der bretonischen Cairns in den Zeitraum 4000 bis 2000 v. Chr. eingeordnet werden. Der L-Gang im Dolmen Gavres in Goërem Zum Vergleich: Der L-Gang im Cairn auf dem Marsberg bei Randersacker/Würzburg. Wir kennen 14 begehbare und verschüttete Gänge und Kammern: 4 Gänge in der Steingrube von Schmie, 2 Gänge in der Sommerhälde von Kürnbach, 1 Gang im Weißen Steinbruch von Eibensbach, 1 Gang auf dem Lichtenberg von Sulzfeld, 1 Gang auf der Reichshalde von Knittlingen, 3 Gänge auf dem Marsberg von Randersacker, 1 Gang auf dem Sonnenstuhl von Randersacker, 1 Gang unter dem Klostergärtchen oberhalb des Steinbruchwegs von Schönau sowie 1 Gang, mit Stahltür verschlossen, in Cairn 1 von Maulbronn, Stuttgarter Straße, 2 weitere „Stollen“ sollen im „linken“ Cairn vorhanden sein. Dazu ungezählte Gänge und Kammern, die z. T. bis zum Fundament abgetragen wurden und nur noch an ihren rechteckigen Umrissen erkennbar sind. Wenn wir jetzt bereits mehr als 100 Cairns/Tumuli kennen, von denen einer bereits bis zu 11 Dolmen (Barnenez) enthalten kann, darf man getrost mit vielen weiteren Entdeckungen rechnen. Anhaltspunkte für Grabungen kennen wir. Unsere Cairns besitzen ganz unterschiedliche Gangformen, gerade oder unregelmäßig verlaufende, einige sind noch unbekannt, da verfüllt, aber eine ist markant: Gänge in Ellbogenform. Diese werden in der Bretagne zwischen 5800 und 4000 Jahre vor unserer Zeit datiert. In Mortioux bei St. Soline datiert man sie in die keltische Eisenzeit ca. 2500 v. u. Z. Ellenbogenförmige Gänge gibt es in Sternenfels, Kürnbach, in Eibensbach, in Randersacker auf dem Marsberg und auf dem Sonnenstuhl. So sollte also eigentlich schon die Typologie der Gänge genügen, um als megalithisch anerkannt zu werden. Doch im LAD BW gibt es offensichtlich keinen einzigen Fachmann, der die Kulturepoche der Megalithik beurteilen kann, weder die in BW in den letzten 25 Jahren entdeckten, noch die in Norddeutschland und ganz gewiss auch nicht die in Frankreich, England, Schottland, Irland und Italien. Es ist schon absurd, wenn Diskutanten auf www.arch.de uns Bürger-Archäologen mit der Diffamierung als „Pegida-Archäologen“ in die Nähe von Nazionalen rücken wollen. Ja, es ist eine bodenlose Gemeinheit, ein kriminelles Vergehen, jemanden eine Gesinnung zu unterstellen, die er überhaupt nicht hat und für die er auch niemals auch nur den Hauch eines Anlasses geliefert hat. Wir haben nie national sondern immer ausschließlich im europäischen Kontext argumentiert. Das hat sich schon aus dem Forschungsgegenstand ergeben. Ohne die Entdeckungen der französischen, schottischen, irischen, englischen und italienischen Archäologen wären unsere Entdeckungen überhaupt nicht zu verstehen. Auch die Megalith-Forschung in Norddeutschland hat bezüglich der Charakterisierung dort vorhandener Dolmen Vorbildliches geleistet. Aber wenn einem staatlichen Archäologen in Baden-Württemberg oder Bayern dieses Wissen fehlt und er auch keinerlei Mühe macht, sich dieses Wissen anzueignen, dann ist natürlich Hopfen und Malz für die grabungstechnische Erforschung unserer Hochkultur verloren. Wie schwierig die Datierung in Wirklichkeit sein dürfte, veranschaulicht ein Streit unter französischen Archäologen. Dabei geht es um die Cairns im Raum von St. Soline in Ostfrankreich. Aufgrund der exakten Bearbeitung der Öffnungen in den Portalplatten werden diese von namhaften Archäologen entgegen der üblichen Praxis in die keltische Eisenzeit datiert. Offenbar sind die Bearbeitungsspuren von Eisenmeißeln nicht zu übersehen. Deshalb ziehen diese Archäologen auch den architektonischen Vergleich zu den Tumuli der zeitgleichen Etrusker und bezeichnen ihre Cairns folgerichtig ebenfalls als Tumuli. Andere Archäologen wiederum halten an der alten Datierung fest, dass das Megalithikum um 2200 spätestens

1800 v. Chr. zu Ende gegangen sei. Auch Heribert Illig hat in seinem hervorragenden Buch „Die veraltete Vorzeit“ darauf hingewiesen, dass die etruskische Epoche (800 bis 100 v. Chr./Eisenzeit) zahlreiche Artefakte wie z. B. Kultstelen aber auch Grabformen umfasst, die andernorts in das Meglithikum (ca. 5800 bis 2200 v. Chr.) datiert werden. Schaut man die Grabformen, insbesondere die in Populonia und Vetulonia, an, fallen einem die Übereinstimmungen ins Auge. In Populonia begegnen uns Dolmen in Reinform und in Vetulonia Tholos-Gräber, bienenkorbähnliche Grabkammern aus überkragend gesetztem Trockenmauerwerk, wie man sie schon vom ältesten Cairn der Welt in Barnenez/Bretagne (5800 v. Chr.) kennt. Eine chronologische Debatte ist mehr als überfällig. Dieses chronologische Problem ist den Archäologen in Deutschland meist nicht bewusst und wird, wenn angesprochen, schlicht und einfach unterdrückt oder ins Lächerliche gezogen. Die C14-Institute und ihre Kontext-Kalibrierung Bei der Probeneinreichung zu datierender Funde verlangen die C14-Institute die Ausfüllung eines Datenblatts. Darin taucht unweigerlich ein Punkt auf, der meinen Zweifel an der Objektivität des Verfahrens geweckt hat. Es wird nämlich immer gefordert, Angaben über den Fundkontext zu machen, Angaben, die die Altersbestimmung schon von vornherein auf eine bestimmte Zeit einschränken. Die meisten Institute sind ganz direkt und offen und verlangen sogar die Angabe des vermuteten Alters. 1) Heidelberger Institut für Umweltphysik der Universität: Proben an das Labor Senden Sie uns Ihre Proben bitte mit einer möglichst ausführlichen Dokumentation über den Kontext, sie können dazu auch unser Einsenderformular verwenden. Im Formular wird dann folgender Punkt zur Ausfüllung gefordert: Kontext Ziel (kurzer Text für Eintrag im Jahresbericht des Labors): 2) Leibnitz Labor in Kiel: 11. Örtliche Beziehung zu anderen Proben (Einzelprobe oder zu Profil oder Grabung gehörig): und 15. Erwarteter Altersbereich: 3) Geographisches Institut der Universität Zürich: P R O B E N F O R M U L A R F Ü R 14 C - D A T I E R U N G E N Problembeschreibung mit Angabe des vermuteten 14C – Alters: 4) GPC Radiocarbon-Labor der Universität Bern Vermutetes Alter der Probe: .... Frühere 14C Analysen, die mit der Probe in Zusammenhang stehen (Labor, Nr.) .... 14C Alter: ....(jünger, älter als oder gleich alt wie die eingesandte Probe?) Problem, zu dessen Lösung die 14C Datierung beitragen soll: .... Im Internet findet man Erläuterungen zu den 14C-Ergebnissen des C14-Labor Erlangen. Auch hier der entlarvende und alle Ergebnisse relativierende Satz: Die Ergebnisse aus der Kalibration sind eine Interpretation der Ergebnisse, da... die Gültigkeit der Kalibrationsvoraussetzungen vom Probenlieferanten selbst eingeschätzt werden muß. Wer aber schafft die Kalibrationsvoraussetzungen? Der Kunde hat es offenbar selbst in der Hand, welches Ergebnis erzielt wird. Deshalb ist der Fundkontext auch so entscheidend. Wir kommen noch darauf zurück, wie verheerend sich das auswirken kann. Alle anderen hier nicht erfassten Institute dürften wohl ebenso chronologisch einschränkende Auskünfte verlangen. Welchen Grund gibt es dafür? Wie aller Welt verkündet wurde, soll die C14- Methode ja absolute Datierungen ermöglichen, also rein objektiv und ohne Bezug auf irgendeinen erforderlichen Fundkontext funktionieren. Ist diese absolute und objektive Datierung also gar nicht möglich? Für die Chronologiekritiker ist das keine Frage. Wenn die gegenwärtig gültige Chronologie eine Erfindung mittelalterlicher und frühneuzeitlicher Historiker ist, dann kann auch keine physikalische Messmethode funktionieren, da sie sie ja stets an Eckdaten aus gefälschten Urkunden fixiert bzw. kalibriert werden muss. Die C14-Institute erläutern ihren Kunden ja immer, welche umfangreichen Verbesserungen ihre Methode im Laufe der Jahre erfahren habe. Im

Buch „C14-Crash“ von Niemitz und Blöss jedoch erfährt man, dass schon Libby, der Erfinder der C14-Methode, 1949 in seinem im Wissenschaftsmagazin Science veröffentlichten Artikel „Weltweite Untersuchung moderner C14- Proben“ geschummelt hat. Behauptet wird ja von den C14-Datierern, dass gleichaltrige Proben auch den gleichen C14-Gehalt aufweisen, und dass der C14-Gehalt im Laufe der Zeit gleichmäßig abnehme. Mit dieser Grundannahme steht und fällt die ganze Methode. Libby gab also an, dass seine Messdaten nur um +/- 50 Jahre streuen würden. „Die routinemäßige graphische Aufbereitung seiner zugrundeliegenden Messdaten ergab aber ein völlig anderes Bild, nämlich eine Streuung von +/- 500 Jahren“ (S. 193). Und das bei Proben, die in den letzten 500 Jahren angesiedelt und daher durch die Historie jahresgenau datierbar sind. Von gleichmäßiger Abnahme konnte also gar keine Rede sein. Ganz im Gegenteil. Um dieses völlige Versagen der Methode zu kaschieren, stellte man die Hypothese auf, dass der C14-Gehalt organischer Stoffe nicht immer gleich gewesen sei, sondern z. T. stark geschwankt habe. Die erste Kalibrierungskurve entstand. Doch, da es kein Möglichkeit gab, diese Kalibrierung in die Jahrhunderte und Jahrtausende davor zu verlängern, da eindeutig datierbare Proben in der geforderten Menge fehlten, nahm man einfach an, dass es davor keine Schwankungen gegeben habe und man daher eine geradlinige Abnahme des C14-Gehalts annehmen könne. Diese Annahme entbehrt natürlich jeder Wissenschaftlichkeit und ist rein willkürlich. Die C14-Kalibrierungskurve unten im Bild zeigt für die ersten 500 Jahre mit exakt datierbaren C14- Funden eine wilde Kurve des Gehalts an zerfallenden Radio-Isotopen. Die Kurve zeigt nicht einmal in der Tendenz eine absteigende Richtung sondern im Gegenteil eine aufsteigende. Völlig rätselhaft, da doch die Radioaktivität einen gleichmäßigen Zerfall der Isopote voraussetzen muss, hier nimmt aber der C14-Gehalt zu! Eine Erklärung wurde bis heute nicht geliefert. Erst ab dem Jahr 1 des christlichen Kalenders nimmt der C14-Gehalt gleichmäßig ab, aber nicht weil es tatsächlich der Fall wäre, sondern weil die Wissenschaftler mangels genügend zuverlässig auswertbaren Materials diese Annahme einfach aufstellten. Dieses Fundamentalprinzip ging von der allzeit gleichen C14- Konzentration in der Atmosphäre aus. Obwohl die Messungen der letzten 500 Jahre gerade diese Annahme nicht bestätigt hatten, wurde sie zum Dogma erhoben, anders hätte die Methode niemals Anwendung finden können (S. 178). . Man stelle sich das vor: Eine Methode, die nicht einmal für die letzten 500 Jahre verlässliche Messwerte liefern kann sondern nur Aberwitz und ein absolutes

Chaos, soll aber geeignet sein, um die zweifelhaften Geschichtsräume vergangener, völlig unklarer Zeiten exakt (!) zu datieren. Für wie dumm halten achtungsgebietende Wissenschaftler den Rest der Welt? Um überhaupt die Halbwertszeit des Isotopenzerfalls und damit die konstant abfallende Eichgerade bestimmen zu können, justierte Libby sie an schon bibelfundamentalistisch vordatierten organischen Funden aus pharaonischen Gräbern. Damit zieht die Methode sich selbst die Grundlage unter den Füßen weg. Wie Illig in seinem Buch „Wann lebten die Pharaonen" herausarbeitete, ist die Chronologie des Pharaonenreichs von über 2500 Jahren ein Produkt der Ägyptologen, die sich auf die biblische Abrahamsdatierung, auf frühchristliche Autoren und ihren Angaben über die ägyptischen Dynastien verließen. Überquellende Pharaonenlisten wurden als wahr erachtet und damit ein chronologisches Schema über mehrere Jahrtausende erschaffen. Illig reduziert sie auf nicht mehr als 600 Jahre. Fomenko´s Institut wiederum analysiert die Tempel-Horoskope des Pharaonenreichs und kommt damit letztendlich auf eine Zeit zwischen 1100 und 1350 n. Chr. (!). Worauf Jürgen Spanuth (Die Atlanter) schon hingewiesen hat: Auf dem Tempelrelief von Medineth Habu sind die Ägypten angreifenden

Seevölker und ihre Schiffe im Wikinger-Look dargestellt. Und die lebten und expandierten genau zu dieser Zeit. Wie ist das möglich? Wir müssen von der Komplettfälschung des christlichen Kalenders ausgehen:

http://www.sinossevis.de/upload1/ Antisemitismus Motiv der Chronologiefalschung.pdf

http://www.sinossevis.de/upload1/ 02 Chronologiekritik alles Quatsch 3.pdf

http://www.sinossevis.de/upload1/ Causa Terra Kalenderfalschung warum.pdf

Die Anerkennung unserer sensationellen Funde scheitert also an einer Altersbestimmungsmethode, die alles andere als seriös ist. Doch selbst die Anwendung der Methode und damit eines chronologisch keineswegs sicheren Schemas kann nicht krasse Fehldatierungen selbst innerhalb des Systems verhindern. Um endlich vorwärts zu kommen, erwogen wir auch die Beauftragung einer der immer zahlreicher werdenden freischaffenden Archäologen. Auf XING wurden wir fündig. Ein hier mit seinem EMail-Pseudonym bezeichneter Zordan ließ sich auf Verhandlungen mit uns ein. Da in MaulbronnSchmie eine der Grabkammern auf

Gemeindegrund liegt, bietet sich diese zur Erforschung an. Offiziell gilt diese 700 m lange Cairn-Felsnekropole als mittelalterlicher Steinbruch. Er soll 1147 beim Bau des Klosters von Maulbronn Steine geliefert haben. Jedoch sind die meisten Felswände von vmtl. jahrtausendealtem Erosionsschutt verborgen und der Innenraum komplett mit riesigen Bauwerken verstellt, die im eng beschränkten Spektrum der Staatsarchäologen als Abraumhalden angesehen werden. Wenn man der Logik der unfähigen Staatsarchäologen folgt, hätten die Steinbrucharbeiter nur Schutt hergestellt, den sie gleich im Steinbruch über mehr als 10 m hoch auftürmten. Dabei handelt es sich gar nicht um Schutt, sondern um penibel verfugtes Mauerwerk, was jeder nachprüfen kann. Mit solchen Schwachsinnsargumenten muss sich der privat Forschende auseinandersetzen. Als ich Zoltan auf die obstruktive Haltung des Amts aufmerksam machte, das bisher überhaupt nichts zur Erforschung der Fundstätten beigetragen hat, befürchtete er sogleich Unannehmlichkeiten. Dabei ist keiner der Steinbrüche in Deutschland auf irgendeine Weise als Bodendenkmal geschützt. Jeder, der die Genehmigung des Besitzers und der zuständigen Behörden hat, kann in einem Steinbruch tun und lassen was er will. Deshalb gab es auch nie ein Grabungsverbot für Schmie. Dennoch steigerte sich Zoltan unaufgefordert in eine paranoide Phantasie hinein: „Das Landesamt wird definitiv Probleme machen wenn die dafür verantwortlich sind. Archäologie beinhaltet den Schutz der Altertümer, dieses bedeutet in der Praxis, dass nur gegraben werden darf wenn a) Das Bodendenkmal in Gefahr ist (Rettungsgrabung) b) Ein allgemeines, öffentliches Interesse an einer Grabung existiert Aktuell arbeite ich an einem Grabungsprojekt in meiner Heimatstadt und ich habe die gleichen Probleme eine Grabung zu begründen. Zum Glück sind im Grabungsgebiet wirklich potentielle Gefahren für das Denkmal und ein öffentliches Interesse konnte ich glaubhaft vermitteln, daher sieht es da gerade gut aus. Wie sich das bei Schmie verhält, kann ich auch erst nach einer Begehung sagen. Wenn Sie mich mit dem Projekt endgültig beauftragen, werde ich jedoch auch die komplette Komunikation mit dem Landesamt übernehmen. Es wird garantiert schwer, aber es ist nicht chancenlos. Ich vermute, dass Sie ein Grabungsverbot bekommen haben, weil das Gelände als Steinbruch für das Kloster angesehen wird. Das bedeutet, dass dort Funde aus einem mittelalterlichen Kontext zu erwarten sind, die direkt mit dem Kloster in Verbindung stehen. Daher ist das Gelände explizit geschützt. Wenn ich das Landesamt anschreibe und erwähne, dass ich dort vorhabe den mittelalterlichen Horizont zu erforschen, dann könnten (!!!) wir eine Chance haben. Ich müsste natürlich sagen, warum ich dort graben will. Das würde bedeuten, dass ich sagen müsste, dass ich von Ihnen den Auftrag bekommen habe aus "Heimatgeschichtlichen Gründen" dort zu forschen. Das ist das einzige was funktionieren kann. Es gibt dann nur die Möglichkeit, dass die Ihren Namen lesen und die Mail dann sofort in den Papierkorb schieben.... Sollte das passieren, dann wars das. Sollten die mir antworten, dann muss man mal schauen. Rechnen Sie in diesem Fall mit einem sehr langen Weg. Kurz: Ich kann es Ihnen nicht sagen. Wie die Kommunikation mit dem Amt war, wissen nur Sie. Ich nicht. Überlegen Sie sich, wie die wahrscheinlich auf meine Anfrage reagieren. Sollten Sie wollen, dass ich vorbei kommen und wir es versuchen, dann schaue ich auf jeden Fall mal in das Kloster rein. Nach dem Besuch würde ich mich in die mittelalterliche Geschichte des Ortes einlesen um den Antrag einigermassen gut stellen zu können, so dass man glauben könnte, dass Sie dort wirklich nach einem mittelalterlichen Fund suchen. Da ich auch mittelalterliche Geschichte studiert habe, und meine Uni auf frühmittelalterliche Archäologie spezialisiert ist, könnten die das evtl. akzeptieren. Das muss man sich mal vorstellen, ein Archäologe, der dazu beauftragt wird, den Nachweis zu liefern, dass ein Gang in einem gemauerten Hügel, in der Definition der Archäologen Resteuropas ein Dolmen in einem Cairn, tatsächlich in die offiziell dafür vorgesehen Zeit des Megalithikums (ca. 6000 bis 2200 v. Chr.) datiert wird, will in einem Akt des vorauseilenden Gehorsams gegenüber den Staatsarchäologen BWs und gegen die Intention des Auftraggebers die Grabung unter mittelalterlichen Vorzeichen durchführen. Archäologen glauben also eher der Spekulation des Dorfchronisten, der sich in Montan-Archäologie (Steinbruchgeschichte) ebenso wenig auskennt wie in Megalithik, als den Forschungen eines Bürger-Archäologen, der sich seit 25 Jahren intensiv mit der Materie Cairns, Tumuli, Dolmen und Ganggäber im europäischen Kontext intensiv auseinander gesetzt hat und dank seiner umfangreichen Feldforschung zahlreiche Cairn-Felsnekropolen und -Ensembles in Baden-Württemberg, Bayern, Nordrhein-Westfalen und Hessen vorweisen kann. Daraufhin antwortete ich: Wenn Sie mit Erwartungshorizont Mittelalter operieren, werden Sie vermutlich auch die Zeit als Kulturkontext für die C14-Datierung ansetzen. Das wäre Beschiss pur. Auf dieses Szenario musste man sich einstellen, denn schon eingangs hatte Zoltan klar gemacht: Eine Datierung kann nur (durch) eindeutige

Funde belegt werden. Steine, oder Gangformen werden niemals akzeptiert werden. Auch von mir nicht. Typologisch relevante Scherbenfragmente, organische Materialien, Werkzeuge. Anders geht es nicht.“ Dabei hatte Zoltan in der Diskussion unumwunden zugegeben, dass die C14-Methode unzuverlässig ist und ohne projekt- und kundenbezogenen Kalibrierungen nicht mehr auskommt: Natürlich können Sie die Proben an so viele Institute schicken wie Sie möchten, aber das ist wirklich Geldverschwendung. Ich bin mir durchaus bewußt, dass es in der Vergangenheit sehr viele Probleme mit der C14 Methode gab. Diese kann man bei korrekter Anwendung komplett umgehen. Natürlich braucht man einen Erwartungshorizont, da man ansonsten nicht in den 2-Sigma Bereich kommt. Die Kalibrierungskurven lassen immer mehrere Möglichkeiten offen von wann ein Fund sein kann. Das liegt in der Natur der Sache. Wenn man den Erwartungshorizont nicht hat, dass (alt. dann d.V.) kommen da Werte raus wie: 2000 B.P. +-1500 Jahre.... das hilft niemanden. Letztenendes können Sie aber machen was Sie möchten. Werte wie 2000 v. u. Z. +-1500 Jahre bedeuten eine Streuung der Messdaten von 1500 n. Chr. bis 1500 v. Chr., also über 3000 Jahre! Und ich denke, dass der Archäologe sehr wohl weiß, was er da sagt. Wenn man aber ohne

Erwartungshorizont des Auftraggebers gar nicht mehr auskommt, dann ist die Methode nicht absolut, sondern ein Riesenbetrug, der jedem das liefert, was er haben will. So deutlich habe ich das aus der Fachwelt noch nirgendwo bestätigt bekommen. Archäologen gehen also zu den C14-Instituten und lassen sich dort - quasi wie in der Kirche mit dem Segen des Pfarrers - mit der C14-Expertise der geschätzten Datierung ihrer Funde die letzten Weihen verpassen. Unglaublich. Jetzt ist mir auch begreiflich geworden, wie Dr. Osmanagich, von uns kameradschaftlich Sam genannt, zu seiner irrwitzig hohen Datierung der bosnischen Sonnenpyramide kam. Die Archäologen Europas reagierten ja völlig verbiestert und nannten seine Forschungen einen „hoax", einen Schwindel. Recht hatten sie, wenn sie damit die eigentliche Ursache bezeichnet hätten, nämlich die C14-Methode. Wenn unser, wegen seiner Pioniertat allseits geschätzter und bewunderter, Sam bei seinem polnischen C14-Institut als Fundkontext glazial angab, also eiszeitlich, konnte er natürlich eine Datierung von 11.500 Jahren bekommen. Er konnte dies ganz einfach mit den eiszeitlichen Verhältnissen begründen, die s. E. geherrscht haben müssen, als der Berg bis zum Gestein bloß lag, also keine Humusdecke hatte. Das Blatt, das er dort auf dem Fels fand, war also s. E. die erste organische Spur die sich dort abgelagert haben musste. Nur, wenn er davon ausgeht, dass der Berg nicht natürlichen Ursprungs, sondern künstlich aufgebaut ist, dann kann der Bau zu jeder anderen Zeit danach erfolgt sein. Er hätte also auch das Megalithikum oder die Keltenzeit angeben können. Insofern hat Sam nur bewiesen, dass die C14-Methode, und allein sie, ein Hoax ist. Und das konnte den Archäologen Europas überhaupt nicht gefallen. Warum sträuben sich deutsche Archäologen zum Forschungsstand Europas aufzuschließen und die Existenz von Cairns und Stufenpyramiden in Deutschland anzuerkennen? Bei Zoltan kam dieses Widerstreben sehr deutlich zum Ausdruck. Auf die Einladung, sich auch eine weiteres Ganggrab zum Vergleich anzuschauen und sich damit einen ansatzweise allgemeinen Eindruck des Forschungsgegenstands „Cairns und Dolmen in Süddeutschland" zu verschaffen, lehnte er dies ab und wollte die von uns zu bezahlende Zeit mit seinen Monologen verplempern. Ihn interessierten unsere Forschungen also ganz offensichtlich überhaupt nicht. Eine bodenlose Unverschämtheit. Der Gipfel der Unverschämtheit aber war die Behauptung, dass selbst eine positive Datierung nur eine Presseveröffentlichung in einem Provinzblatt nach sich ziehen würde. Entweder der gute Mann hatte überhaupt nicht begriffen, um was es ging und welche Arbeit er eigentlich verrichten sollte oder er glaubte so wenig an die Entdeckungen, dass er sich anderes überhaupt nicht vorstellen konnte. Das muss man sich vorstellen: Da existieren riesige Bauwerke, sichtbar aus Trockenmauern erbaut. Sie besitzen Gänge, die man im Vergleich zu identischen Bauwerken in anderen Ländern Europas als Dolmen und Ganggräber bezeichnen muss. Und nun wird der Inhalt einer dieser Gänge untersucht und festgestellt, dass er – orthodox datiert - Jahrtausende v. Chr. dort hinein gebracht wurde. Damit wird auch das dazugehörige Bauwerk in diese Zeit datiert und damit wird der stets geforderte Beweis erbracht, dass die hier in Süddeutschland lebenden Menschen schon lange vor den Römern unglaublich große Bauwerke aus Stein errichten konnten, die man in Westeuropa als Cairns im etruskischen Italien als Tumuli bezeichnet. Eine Weltsensation! Und Zoltan will und kann die nicht einmal kapieren. Diese Selbstverliebtheit und geradezu autistische Selbstbezogenheit begegnete mir die ganzen 25 Jahre der versuchten Kontaktaufnahme mit Archäologen ständig. Warum das so ist, dieses Rätsel beschäftigte mich die vergangenen Jahrzehnte ohne zu einem rational nachvollziehbaren Ergebnis zu kommen. Die Gründe müssen jenseits des Wissenschaftlichen im

Psychologischen und Sozialen liegen. Hochmütige Akademiker vertragen es einfach nicht, dass Leute aus dem Bürgertum ihnen Konkurrenz im wissenschaftlichen Bereich machen und mit eigenen grandiosen Erfolgen aufwarten können, auch nicht, dass diese sie respektlos auf ihre fortwährenden Fehlurteile hinweisen, haltlose Hypothesen, auf die man sich ohne zu hinterfragen wie Glaubenssätze verlässt, also alles andere als wissenschaftlich fundiert agiert. Und ganz und gar mögen sie es nicht, dass ihnen jemand das Monopol der Interpretation, die Deutungshoheit über die Vor- und Frühgeschichte streitig macht. Insofern sind sie Glaubenskrieger im Wissenschaftsbereich. Als Akademiker Angehörige einer verschworenen Kaste haben sie gehorchen gelernt, sich eine unkritische Haltung angewöhnt gegenüber all den Ungereimtheiten, denen sie zwangsläufig in der Alltagspraxis begegnen. Damit aber, mit dem Verzicht auf kritische Auseinandersetzung, haben sie sich des wichtigsten Standbeins wissenschaftlichen Denkens und Handelns überhaupt beraubt. Sie wurden zu tumben Technokraten und Sklaven ihrer schematisierten Weltanschauung und genießen dennoch den Nimbus einer quasi gottgleichen Unfehlbarkeit. Wenn man sie jedoch zur Diskussion und damit Rechtfertigung ihres unverdienten Ansehens zwingt, scheitern sie kläglich. Dennoch beanspruchen diese alles andere als Wissenden auch das höchste Ansehen in ihren Gesellschaften. Nur ihre akademische Weisheit sei die allein maßgebende, alles andere aber unseriös. Hier kommt die totalitäre und doktrinäre Grundhaltung zum Ausdruck, die alle anderen Denkrichtungen und unbequemen Denkanstöße als illegitim hinstellt. So als wenn unter allen möglichen Bewegungsarten nur das Marschieren im Stechschritt die allein zulässige sei. Ganz besonders schlimm aber wirkt sich dieser Herrschaftsanspruch aus, wenn Wissenschaften das Monopol des Staates sind, wie in Deutschland die Archäologie. Hier kann sogar mit den Mitteln des Obrigkeitsstaats jede unwillkommene wissenschaftliche Entwicklung unterbunden werden. Und das alles unter dem Deckmantel der Demokratie, die in diesem Fall überhaupt keine Chance erhält. Was haben wir daraus gelernt? Es geht doch nichts über die alte Datierungsmethode Montelius´ und des weltweit anerkannten Cairn-Fachmanns Giot. Einfach die Gangformen vergleichen und man hat den tatsächlichen Kulturkontext und damit das in der gegenwärtig gültigen Chronologie dafür vorgesehene Alter. Diese Methodik ist weltweit anerkannt und wird nach wie vor in vielen Universitäten gelehrt. Denn mit der zweiten Radiacarbon-Revolution weigerten sich zahlreiche Vor- und

Frühgeschichtler, die jetzt noch einmal Jahrtausende in das Chronologie-Gespinst einfügende C14-Methode weiter Ernst zu nehmen. Sie verzichteten darauf, sich auf lokale C14-Messungen zu verlassen, sondern pflegten weiterhin die „methodische überregionale Synchronisierung“, die wir schon seit Anbeginn unserer Forschungen und Entdeckungen 1990 im europäischen Kontext betreiben und die als wirklich fair und wahrhaft eingestuft werden könnte, wenn sie auf absolute Datierung im gefälschten Chronologierahmen verzichten würde. Es ist ja keinesfalls so, dass die baden-württembergische Archäologie auf diese Methode verzichten würde. Bei der Ausgrabung des Kultgrabens bei Herxheim am Rhein und dem Fund hunderter von Skeletten kamen Scherben zutage, die aus dem Pariser Becken und Tschechien stammten, also einen tausende von Kilometern weit reichenden Personalverkehr im uralten Europa bezeugen. Es ist also vollauf berechtigt, von Kulturkontakten über so weite Strecken hinweg auszugehen, die auch zu gleichen Ganggrab- und Monumentformen in weit entfernten Regionen führte. Offensichtlich geht es also sehr wohl ohne C14-Datierung und die Anerkennung unserer epochalen Entdeckungen seitens der Akademien und der Landesarchäologie Baden-Württemberg ist mehr als überfällig. Es wäre ein Akt der

Fairness, der aber angesichts der leidvoll erfahrenen Ungerechtigkeiten kaum je zu erhoffen ist. Informationsquellen: A. T. Fomenko, „History - Fiction or science? Bd. 1- 4“, A. T. Fomenko, Empirico-Statistical Analysis of Narrative Material and its Applications to Historical Dating. Vol.1: The Development of the Statistical Tools. Vol.2: The Analysis of Ancient and Medieval Records. – Kluwer Academic Publishers. The Netherlands, 1994. Blöss, Niemitz, "C14-Crash", Mantis Verlag, 1997 Heinsohn, Illig, "Wann lebten die Pharaonen?", Scarabäus bei Eichhorn, 1990 Illig, "Die veraltete Vorzeit", Scarabäus bei Eichhorn, 1988

Printed by Books on Demand GmbH, Norderstedt / Germany